Texte • Medien

# Balladen verstehen – Balladen vortragen

## Arbeitsheft

Wolfgang Brauer

Texte • Medien

**»Balladen verstehen – Balladen vortragen«**
von Wolfgang Brauer

**Arbeitsheft**

Das Texte • Medien –Programm zu »Balladen verstehen – Balladen vortragen«:
978-3-507-47370-6 CD **„Rap trifft Klassiker – Balladen einmal ganz anders“**

westermann GRUPPE



Druck A [8] / Jahr 2020
Alle Drucke der Serie A sind im Unterricht parallel verwendbar.

Illustrationen: Jaroslaw Schwarzstein, Hannover
Gesamtgestaltung: Janssen Kahlert Design & Kommunikation GmbH, Hannover
Umschlaggestaltung: Thomas Alwin Hemming, Filderstadt (Foto: Thomas Müller, Hamburg)
Bildquellen: akg-images: S. 5, 27, 55, 56; picture-alliance/dpa: S. 9, 36
Druck und Bindung: Westermann Druck GmbH, Braunschweig

ISBN 978-3-507-47371-3

## Liebe Schülerinnen und Schüler!

Um eine Ballade wirkungsvoll vortragen und vielleicht sogar rappen zu können, muss man sie erst verstehen. Dieses Balladenarbeitsheft soll euch dabei helfen. Mit Hilfe der Aufgaben könnt ihr euch Klarheit über den Inhalt und die sprachlichen Mittel der 15 Balladen verschaffen. Danach solltet ihr eine Vorlesefassung mit Vorlesezeichen erstellen, um während des Vortrags sicher in der Betonung zu sein. Wie ihr das macht, erfahrt ihr auf der nächsten Seite.

Das Balladenarbeitsheft ist auf die CD *„Rap trifft Klassiker – Balladen einmal ganz anders"* abgestimmt. Darauf zu hören ist jeweils eine von Schülerinnen und Schülern gerappte Version der 15 Balladen und eine Karaoke-Fassung, zu der ihr selbst rappen könnt.

Viel Spaß beim Vortrag!

## Inhalt

## So kannst du mit dem Heft arbeiten

Balladen sind Gedichte. Sie haben Verse und Strophen, meistens auch Reime und einen klaren Rhythmus. Von lyrischen Gedichten unterscheiden sie sich aber dennoch. In einer Ballade wird eine Geschichte erzählt, daher heißen Balladen auch Erzählgedichte. In diesen Geschichten geht es oft spannend und dramatisch zu. Es geht um aufregende Ereignisse, um Heldentaten und Schurkereien, um Zauberei, Geister und Gespenster, aber auch um Katastrophen und spannende Vorgänge, die sich tatsächlich ereignet haben und in denen sich Menschen als besonders tapfer und mutig erwiesen haben.

In vielen Balladen gibt es Dialoge, kraftvolle Rhythmen und eine klangvolle Sprachmelodie. Deswegen eignen sich Balladen besonders gut zum Vorlesen und Vortragen. Viele sind ausdrücklich dafür geschaffen. Das wirkungsvolle Vorlesen oder Vortragen muss man allerdings üben. Auf den Seiten 9-12 ist Goethes Ballade „Der Zauberlehrling" mit Zeichen versehen, die als Lesehilfen verwendet werden:

| | | |
|---|---|---|
| Striche: | \| | kleine Atempausen |
| Doppelstriche: | \|\| | größere Pausen |
| Unterstreichungen: | ___ | Betonung der Sinnwörter oder Silben<br>Hat der alte Hexenmeister ... |
| Bögen: | ‿ | Am Ende eines Verses eine kleine Pause machen, aber die Stimme nicht absenken. Der Satz geht auf der nächsten Zeile weiter (Zeilensprung).<br>Hat der alte Hexenmeister‿<br>Sich doch einmal wegbegeben! \| |
| Pfeile: | → | Einen Vers oder sogar eine ganze Strophe (sehr) schnell sprechen. Durch den Wechsel des Tempos kann man z. B. Spannung erzeugen. |

Nutze die Zeichen auch zum Erstellen einer Vorlesefassung der anderen Balladen.

**Unser Vorschlag:** Schreibe auf den linken Rand Notizen zum Verständnis, z. B. Worterklärungen oder Kurzzusammenfassungen. Auf dem rechten Rand kannst du vermerken, wie du den Vers oder die Strophe sprechen willst (traurig, frech, laut ...).

Du wirst sehen und hören: Balladen wirkungsvoll vorzutragen, macht großen Spaß. Probiere es, auch wenn es bei den Aufgaben zu den einzelnen Balladen nicht immer verlangt wird.

## Der stolze Ritter

Die Balladen von Friedrich Schiller und Johann Wolfgang von Goethe gehören zu den bekanntesten in unserer Literatur. Beide Dichter lebten in Weimar und waren miteinander befreundet. Sie haben sich in Briefen und Gesprächen über ihre Balladen ausgetauscht, sich gegenseitig ermuntert oder auch kritisiert, je nachdem.

Schiller war nicht nur Schriftsteller, sondern auch Herausgeber der Zeitschrift „Musenalmanach". Darin veröffentlichte er im Jahrgangsband 1798 die beiden Balladen „Der Handschuh" und „Der Zauberlehrling" (S. 9). Beide waren, wie zahlreiche weitere, in dem so genannten „Balladenjahr" 1797 entstanden.

Friedrich Schiller
### Der Handschuh

Vor seinem Löwengarten,
Das Kampfspiel zu erwarten,
Saß König Franz, *Franz I (1515-1547)*
Und um ihn die Großen der Krone,
Und rings auf hohem Balkone
Die Damen in schönem Kranz. *in schöner Runde*

Und wie er winkt mit dem Finger,
Auf tut sich der weite Zwinger, *ummauerter Platz für Tierkämpfe und Ritterspiele*
Und hinein mit bedächtigem Schritt
Ein Löwe tritt;
Und sieht sich stumm
Rings um
Mit langem Gähnen
Und schüttelt die Mähnen
Und streckt die Glieder
Und legt sich nieder.

Und der König winkt wieder,
Da öffnet sich behänd
Ein zweites Tor,
Daraus rennt
Mit wildem Sprunge
Ein Tiger hervor.
Wie der den Löwen erschaut,
Brüllt er laut,
Schlägt mit dem Schweif
Einen furchtbaren Reif
Und recket die Zunge,
Und im Kreise scheu
*Löwe* Umgeht er den Leu
Grimmig schnurrend;
Drauf streckt er sich murrend
Zur Seite nieder.

Und der König winkt wieder,
Da speit das doppelt geöffnete Haus
Zwei Leoparden auf einmal aus.
Die stürzen mit mutiger Kampfbegier
Auf das Tigertier;
Das packt sie mit seinen grimmigen Tatzen,
Und der Leu mit Gebrüll
Richtet sich auf – da wird's still,
Und herum im Kreis,
Von Mordsucht heiß,
Lagern sich die gräulichen Katzen.

*Balkon* Da fällt von des Altans Rand
Ein Handschuh von schöner Hand
Zwischen den Tiger und den Leun
Mitten hinein.

Und zu Ritter Delorges spottender Weis',
Wendet sich Fräulein Kunigund:
„Herr Ritter, ist Eure Lieb' so heiß,
Wie Ihr mir's schwört zu jeder Stund',
Ei, so hebt mir den Handschuh auf."

Und der Ritter in schnellem Lauf
Steigt hinab in den furchtbar'n Zwinger
Mit festem Schritte,
Und aus der Ungeheuer Mitte
Nimmt er den Handschuh mit keckem Finger. *mutig, unerschrocken*

Und mit Erstaunen und mit Grauen
Sehen's die Ritter und Edelfrauen,
Und gelassen bringt er den Handschuh zurück.
Da schallt ihm sein Lob aus jedem Munde,
Aber mit zärtlichem Liebesblick –
Er verheißt ihm sein nahes Glück –
Empfängt ihn Fräulein Kunigunde.
Und er wirft ihr den Handschuh ins Gesicht:
„Den Dank, Dame, begehr' ich nicht!"
Und verlässt sie zur selben Stunde.

**1** Lies die Ballade. Einige Wörter sind bereits markiert und erklärt. Falls dir weitere Wörter unbekannt sind, so markiere sie und schreibe ihre Bedeutung links daneben. Wenn du sie nicht aus dem Textzusammenhang verstehst, schlage im Wörterbuch oder Lexikon nach.

**2** Teile die Ballade in Szenen auf, indem du das Ende einer Szene durch einen Querstrich kennzeichnest.

**3** Zeichne zu jeder Szene ein Bild im Comic-Stil und schreibe, wenn nötig, Sprechblasen- und Überleitungstexte, sodass eine Comicgeschichte entsteht. Arbeite auf einem Zusatzblatt.

**4** Was hältst du von dem „Liebesbeweis", den Kunigunde verlangt?

___

___

___

___

___

**5** Finde Adjektive, mit denen du das Verhalten Kunigundes, Delorges', der Ritter und Edelfrauen und des Königs beschreiben kannst.

Kunigunde: ______________________ Delorges: ______________________

Ritter/Edelfrauen: ______________________ König: ______________________

**6** Beurteile nun das Verhalten des Ritters Delorges. Verstehst du sein Vorgehen am Ende der Ballade?

**7** Wie hat Schiller die Spannung gesteigert, bevor der Handschuh in den Zwinger fiel? Beschreibe es. Beachte auch die unterschiedlichen Verslängen.

**8** Bereite jetzt die Ballade mit Vorlesezeichen zum Vortrag vor. Wie das gemacht wird, erfährst du auf S. 4.

## Der übermütige Lehrling

Die meisten Balladen haben die Dichter nicht einfach „erfunden“. Sie nahmen die Stoffe von Geschichten aus alten Zeiten, z. B. der griechischen Antike. Auch mündlich überlieferte Sagen, in denen Geister und andere magische Gestalten aus der Natur und der Menschenwelt vorkamen, bildeten oft die Grundlage der Balladen. So erfuhr Goethe durch einen Freund, den Dichter Wieland, die Geschichte vom allmächtigen Pankrates, die Wieland aus dem Griechischen übersetzt hatte. Wie im „Zauberlehrling“ geht auch in dieser Geschichte der Meister, nämlich Pankrates, aus dem Haus und sein Lehrling erprobt seine Zauberkräfte:

*„Den folgenden Tag, als er Geschäfte halber ausgegangen war, nehm ich den Stößel, kleide ihn an, spreche die besagten drei Silben und befehle ihm, Wasser zu holen. Sogleich bringt er mir einen Krug voll.*
*Gut, sage ich, ich brauche kein Wasser mehr; werde wieder zum Stößel!*
*Aber er kehrte sich nicht an meine Reden, sondern fuhr fort, Wasser zu tragen, ... dass endlich das ganze Haus angefüllt war.“*

Johann Wolfgang von Goethe

### Der Zauberlehrling

Hat der alte Hexenmeister
Sich doch einmal wegbegeben! | *entschlossen,*
Und nun sollen seine Geister *etwas überheblich*
Auch nach meinem Willen leben. |
Seine Wort und Werke
Merkt ich und den Brauch, | *verschwörerisch*
Und mit Geistesstärke
Tu ich Wunder auch. ||

Walle! walle
Manche Strecke, | *halblaut vor sich*
Dass, zum Zwecke, *hin sprechend,*
Wasser fließe | *ausprobierend*
Und mit reichem, vollem Schwalle
Zu dem Bade sich ergieße. ||

| | |
|---|---|
| Und nun komm, du alter Besen! \| | *zuversichtlich,* |
| Nimm die schlechten Lumpenhüllen! \| | *entschlossen* |
| Bist schon lange Knecht gewesen: \| | |
| Nun erfülle meinen Willen! \|\| | *prahlerisch* |
| Auf zwei Beinen stehe, \| | |
| Oben sei ein Kopf, \| | |
| Eile nun und gehe | |
| Mit dem Wassertopf! \|\| | |
| | |
| Walle! walle | *langsam,* |
| Manche Strecke, \| | *beschwörend* |
| Dass, zum Zwecke, | |
| Wasser fließe \| | |
| Und mit reichem, vollem Schwalle | |
| Zu dem Bade sich ergieße. \|\| | |
| | |
| Seht, \| er läuft zum Ufer nieder, \| | |
| Wahrlich! \| ist schon an dem Flusse, \| | *stolz, begeistert vom* |
| Und mit Blitzesschnelle wieder | *Erfolg* |
| Ist er hier \| mit raschem Gusse. \| | |
| Schon zum zweiten Male! \| | |
| Wie das Becken schwillt! \| | |
| Wie sich jede Schale | |
| Voll mit Wasser füllt! \|\| | |
| | |
| Stehe! Stehe! \| | *noch ganz* |
| Denn wir haben | *selbstsicher* |
| Deiner Gaben | |
| Vollgemessen! – \|\| | *größere Pause* |
| Ach, ich merk es! Wehe! wehe! \| | *erschrocken, leise vor* |
| Hab ich doch das Wort vergessen! | *sich hinsprechend* |
| | |
| Ach, das Wort, worauf am Ende | |
| Er das wird, was er gewesen. \|\| | *Pause* |
| Ach, er läuft und bringt behände! | |
| Wärst du doch der alte Besen! | *entsetzt, verzweifelt* |
| Immer neue Güsse | |
| Bringt er schnell herein, | |
| Ach! und hundert Flüsse | |
| Stürzen auf mich ein. \|\| | |

| | |
|---|---|
| Nein, nicht länger | *laut, schnell und* |
| Kann ichs lassen; \| | *immer schneller* |
| Will ihn fassen. \| | |
| Das ist Tücke! | |
| Ach! nun wird mir immer bänger! \| | |
| Welche Miene! welche Blicke! \|\| | |
| | |
| O, du Ausgeburt der Hölle! \| | *wütend laut* |
| Soll das ganze Haus ersaufen? \|\| | |
| Seh ich über jede Schwelle | |
| Doch schon Wasserströme laufen. \|\| | |
| Ein verruchter Besen, | |
| Der nicht hören will! \|\| | |
| Stock, der du gewesen, \| | *langsam und* |
| Steh doch wieder still! | *verzweifelt* |
| | |
| Willst's am Ende | |
| Gar nicht lassen? \| | |
| Will dich fassen, | *drohend* |
| Will dich halten | |
| Und das alte Holz behände | |
| Mit dem scharfen Beile spalten. \|\| | |
| | *größere Pause* |
| Seht, \| da kommt er schleppend wieder! \| | |
| Wie ich mich nun auf dich werfe, | *drohend, ratlos* |
| Gleich, \| o Kobold, \| liegst du nieder; \| | *spricht zu sich* |
| Krachend trifft die glatte Schärfe. \|\| | |
| Wahrlich! \| brav getroffen! \| | *erleichtert* |
| Seht, \| er ist entzwei! \|\| | |
| Und nun kann ich hoffen, | |
| Und ich atme frei! | |
| | *große Pause* |
| Wehe! wehe! | |
| Beide Teile | *verzweifelt,* |
| Stehn in Eile | *erschrocken* |
| Schon als Knechte | |
| Völlig fertig in die Höhe! \| | *lauter werdend* |
| Helft mir, ach! ihr hohen Mächte! \|\| | |

| | |
|---|---|
| Und sie laufen! \| Nass und nässer | *hilflos, heulend* |
| Wird's im Saal und auf den Stufen. \| | |
| Welch entsetzliches Gewässer! \| | |
| Herr und Meister! hör mich rufen! – \|\| | |
| Ach, da kommt der Meister! \|\| | *Pause* |
| Herr, die Not ist groß! \| | *erleichtert und* |
| Die ich rief, die Geister, | *geknickt* |
| Werd ich nun nicht los. \|\| | *flehend* |
| | |
| „In die Ecke, \| | *Pause* |
| Besen! Besen! \| | |
| Seid's gewesen! \|\| | *ruhig, langsam* |
| Denn als Geister | *(genau sprechen)* |
| Ruft euch nur, zu diesem Zwecke, | |
| Erst hervor \| der alte Meister." \|\| | *überlegen* |

**1** Lies die Ballade still. Markiere die Wörter, die du nicht verstanden hast, und erkläre ihre Bedeutung, wenn möglich aus dem Textzusammenhang.

**2** Gib das Geschehen in den einzelnen Strophen mit jeweils einem Satz wieder:

*1. Als der alte Hexenmeister einmal ausgegangen ist, will der Lehrling die Geister des Meisters für sich arbeiten lassen. / 2.*

**3** Der Text der Ballade ist hier als Vorlesefassung abgedruckt. Sprich sie laut. Was die Zeichen bedeuten, erfährst du auf S. 4.
Die Randnotizen geben zusätzliche Hinweise auf das Lesetempo, die Lautstärke, den Klang der Stimme und den Ausdruck, mit dem vor allem die Stimmung des Lehrlings ausgedrückt werden soll.
Das alles sind Vorschläge für den Vortrag, du kannst sie ändern oder ergänzen.
Achte darauf, dass die Stimme des Meisters am Ende der Ballade ganz anders klingt als die des Lehrlings.

**4** Vermerke zur Unterstützung deines Vortrags auf dem linken Rand zusätzlich „Regieanweisungen", z. B. ob der Lehrling „für sich" spricht, den Besen anspricht, mit „anderen" spricht, ausruft, welche Gesten er dabei machen könnte, was für ein Gesichtsausdruck passend wäre etc.

**5** Eine Schülerin hat den „Zauberlehrling" so verstanden: *„Von Menschen in Bewegung gebrachte Naturkräfte machen sich selbstständig und bewirken Schlimmes, weil die Menschen sie nicht mehr beherrschen."* Diskutiert diese Aussage in der Klasse. Findet auch weitere Beispiele für die Behauptung.

## Der Ruf aus dem Totenreich

Die Sagen aus den Ländern des hohen Nordens haben den jungen Goethe und viele seiner Zeitgenossen begeistert. Aus einer Sammlung von Volksliedern lernte er die Sage vom Erlkönig kennen, zu der er 1781 eine Ballade schrieb.
„Erlkönig" geht auf das dänische Wort „ellerkongen" zurück, das bedeutet Elfenkönig. Elfen waren nach nordischem Volksglauben Naturgeister, die auf das Leben und das Schicksal der Menschen Einfluss nehmen konnten. Dem Elfenkönig, der an feuchten, nebligen Orten zu Hause war, schrieb man die Fähigkeit zu, Menschen ins Totenreich entführen zu können.

JOHANN WOLFGANG VON GOETHE

### Erlkönig

Wer reitet so spät durch Nacht und Wind?
Es ist der Vater mit seinem Kind;
Er hat den Knaben wohl in dem Arm,
Er fasst ihn sicher, er hält ihn warm.

Mein Sohn, was birgst du so bang dein Gesicht? –
Siehst, Vater, du den Erlkönig nicht?
Den Erlenkönig mit Kron und Schweif? –
Mein Sohn, es ist ein Nebelstreif. –

„Du liebes Kind, komm, geh mit mir!
Gar schöne Spiele spiel ich mit dir;
Manch bunte Blumen sind an dem Strand,
Meine Mutter hat manch gülden Gewand."

Mein Vater, mein Vater, und hörest du nicht,
Was Erlenkönig mir leise verspricht? –
Sei ruhig, bleibe ruhig, mein Kind;
In dürren Blättern säuselt der Wind. –

„Willst, feiner Knabe, du mit mir gehn?
Meine Töchter sollen dich warten schön;
Meine Töchter führen den nächtlichen Reihn
Und wiegen und tanzen und singen dich ein."

Mein Vater, mein Vater, und siehst du nicht dort
Erlkönigs Töchter am düstern Ort? –
Mein Sohn, mein Sohn, ich seh es genau:
Es scheinen die alten Weiden so grau. –

„Ich liebe dich, mich reizt deine schöne Gestalt;
Und bist du nicht willig, so brauch ich Gewalt."
Mein Vater, mein Vater, jetzt fasst er mich an!
Erlkönig hat mir ein Leids getan! –

Dem Vater grauset's, er reitet geschwind,
Er hält in den Armen das ächzende Kind,
Erreicht den Hof mit Mühe und Not;
In seinen Armen das Kind war tot.

**1** Lies die Ballade still, notiere auf einem Zusatzblatt kurz und in ganzen Sätzen ihren Inhalt.

**2** Markiere jetzt genau die Sprecher in der Ballade. Verwende dafür verschiedene Farben oder notiere sie am linken Rand.

**3** Benenne die unterschiedliche Art und Weise, in der Vater und Kind die Natur wahrnehmen. Schreibe jeweils einige kennzeichnende Wörter oder Wortgruppen heraus. Leichter wird dir das fallen, wenn du zuvor die genannten Personen im Text markierst, z. B. „mein Sohn" (Strophe 2, Vers 1).

*das Kind:* __________

*der Vater: sachlich,* __________

**4** Beschreibe, wie es Goethe sprachlich gelingt, die Angst des Jungen zu steigern.

__________

__________

__________

**5** Bereite die Ballade durch den Eintrag von Vorlesezeichen und Notizen zum Vortrag vor. Versuche beim Vorlesen, die Eigenart der Sprecher auszudrücken.
**Tipp:** „Erlkönig" könnt ihr sehr wirkungsvoll mit verteilten Rollen vortragen.

**6** Was meinst du, woran das Kind stirbt?

__________

__________

## Verlockung aus der Tiefe

Johann Wolfgang von Goethe zog es immer wieder in die Natur, dort fühlte er sich besonders wohl. Er untersuchte bestimmte Vorgänge und Gegenstände der Natur wissenschaftlich, war aber auch vom Geheimnisvollen, Unbegreiflichen und nicht Erklärbaren fasziniert. Dies hatte sein ganzes Leben lang Einfluss auf seine Dichtung.

Johann Wolfgang von Goethe

### Der Fischer

Das Wasser rauscht', das Wasser schwoll,
Ein Fischer saß daran,
Sah nach dem Angel ruhevoll,
Kühl bis ans Herz hinan.
Und wie er sitzt und wie er lauscht,
Teilt sich die Flut empor;
Aus dem bewegten Wasser rauscht
Ein feuchtes Weib hervor.

Sie sang zu ihm, sie sprach zu ihm:
„Was lockst du meine Brut
Mit Menschenwitz und Menschenlist
Hinauf in Todesglut?
Ach wüsstest du, wie's Fischlein ist
So wohlig auf dem Grund,
Du stiegst herunter, wie du bist,
Und würdest erst gesund.

Labt sich die liebe Sonne nicht,
Der Mond sich nicht im Meer?
Kehrt wellenatmend ihr Gesicht
Nicht doppelt schöner her?
Lockt dich der tiefe Himmel nicht,
Das feuchtverklärte Blau?
Lockt dich dein eigen Angesicht
Nicht her in ew'gen Tau?"

Das Wasser rauscht', das Wasser schwoll,
Netzt' ihm den nackten Fuß;
Sein Herz wuchs ihm so sehnsuchtsvoll,
Wie bei der Liebsten Gruß.
Sie sprach zu ihm, sie sang zu ihm;
Da war's um ihn geschehn:
Halb zog sie ihn, halb sank er hin,
Und ward nicht mehr gesehn.

**1** Was ist das für ein Wesen, das Goethe als „feuchtes Weib" bezeichnet? Weißt du – vielleicht aus Märchen und Sagen – etwas darüber, was solche Wesen tun?

**2** Mit welchen Absichten „singt und spricht" dieses Wesen zu dem Fischer? Sieh dir die zweite und dritte Strophe genau an. Wie würdest du sie vortragen? Notiere „Regieanweisungen" dazu.

**3** Wie ist die dritte Strophe zu sprechen? Bereite sie gesondert vor und übe den Vortrag.

**4** Bereite jetzt die ganze Ballade zum Vortrag vor. Finde auch passende Hintergrundgeräusche.

**5** Vergleiche diese Ballade mit Goethes Ballade „Erlkönig" (S. 14/15). Welche Gemeinsamkeiten stellst du fest?

## Land unter

Goethe war 60 Jahre alt und ein weltberühmter Dichter, als er die Ballade über Johanna Sebus schrieb. Den Anlass teilt er im Vortext mit. Ihn bewegte das Schicksal einer mutigen jungen Frau so sehr, dass er ihr und ihrer Tat mit seiner Ballade einen bleibenden Platz in der deutschen Literatur schuf, sodass wir uns beim Lesen immer an sie erinnern werden.

JOHANN WOLFGANG VON GOETHE

### Johanna Sebus

Zum Andenken der siebzehnjährigen Schönen, Guten aus dem Dorfe Brienen, die am 13. Januar 1809 bei dem Eisgang des Rheins und dem großen Bruche des Dammes von Cleverham Hilfe reichend unterging.

Der Damm zerreißt, das Feld erbraust,
die Fluten spülen, die Fläche saust.

„Ich trage dich, Mutter, durch die Flut,
noch reicht sie nicht hoch, ich wate gut." –
„Auch uns bedenke, bedrängt wie wir sind,
die Hausgenossin, drei arme Kind! *(Hausgenossin: Nachbarin)*
Die schwache Frau! . . . Du gehst davon!" –
sie trägt die Mutter durchs Wasser schon.
„Zum Bühle da rettet euch! Harret derweil; *(Bühle: Hügel)*
gleich kehr' ich zurück, uns allen ist Heil.
Zum Bühl ist's noch trocken und wenige Schritt;
doch nehmt auch mir meine Ziege mit!"

Der Damm zerschmilzt, das Feld erbraust,
die Fluten wühlen, die Fläche saust.

Sie setzt die Mutter auf sichres Land,
schön Suschen, gleich wieder zur Flut gewandt.
„Wohin? Wohin? Die Breite schwoll,
des Wassers ist hüben und drüben voll.
Verwegen ins Tiefe willst du hinein!" –
„Sie sollen und müssen gerettet sein!"

Der Damm verschwindet, die Welle braust,
eine Meereswoge, sie schwankt und saust.

Schön Suschen schreitet gewohnten Steg,
umströmt auch gleitet sie nicht vom Weg,
erreicht den Bühl und die Nachbarin;
doch der und den Kindern kein Gewinn!

*obgleich die Flut sie umströmt, kommt sie nicht vom Weg ab*

Der Damm verschwand, ein Meer erbraust's,
den kleinen Hügel im Kreis umsaust's.

Da gähnet und wirbelt der schäumende Schlund
und ziehet die Frau mit den Kindern zu Grund;
das Horn der Ziege fasst das ein',
so sollten sie alle verloren sein!
Schön Suschen steht noch strack und gut:
wer rettet das junge, das edelste Blut!
Schön Suschen steht noch, wie ein Stern;
doch alle Werber sind alle fern.
Rings um sie her ist Wasserbahn,
kein Schifflein schwimmet zu ihr heran.
Noch einmal blickt sie zum Himmel hinauf,
da nehmen die schmeichelnden Fluten sie auf.

*strack: aufrecht*

*Werber: Männer, die um Suschens Hand angehalten haben*

Kein Damm, kein Feld! Nur hier und dort
bezeichnet ein Baum, ein Turn den Ort.

*Turn: Turm*

Bedeckt ist alles mit Wasserschwall;
doch Suschens Bild schwebt überall. –
Das Wasser sinkt, das Land erscheint,
und überall wird schön Suschen beweint. –
Und dem sei, wer's nicht singt und sagt,
im Leben und Tod nicht nachgefragt.

**1** Gib das Geschehen in den einzelnen Strophen mit jeweils einem oder zwei Sätzen wieder:

_______________________________________________

_______________________________________________

_______________________________________________

_______________________________________________

_______________________________________________

**2** Was meinst du: Warum nennt Goethe die Heldin „schön Suschen" und nicht „Johanna"?

**3** Beschreibe, wie der Erzähler den Eindruck vermittelt, dass die Gewalt der Naturkatastrophe nach und nach zunimmt. Überlege dir auch, wie du dies im Vortrag deutlich machen kannst.

**4** Wie verstehst du das „Balladenurteil", also die letzten beiden Verse der letzten Strophe?

## Der treue Freund

Friedrich Schiller wollte mit seiner Dichtung bestimmte Eigenschaften und vorbildliche Handlungen aufzeigen. In seinen Balladen versuchte er, Menschen in schwierigen Entscheidungssituationen zu zeigen, um die Leser zum Nachdenken darüber zu bringen, was wohl die richtige Lösung für das Problem sei. So wollte er jeden Einzelnen aufrütteln. Er dachte, wenn jeder Mensch vorbildlich handelt, dann leben auch alle anderen in einer besseren und gerechteren Welt.

FRIEDRICH SCHILLER

### Die Bürgschaft

*Tyrann auf Syrakus (Sizilien), 430-367 v. Chr.*

Zu Dionys, dem Tyrannen, schlich
Damon, den Dolch im Gewande,
Ihn schlugen die Häscher in Bande.
„Was wolltest du mit dem Dolche, sprich!"
Entgegnet ihm finster der Wüterich.
„Die Stadt vom Tyrannen befreien!"
„Das sollst du am Kreuze bereuen."

„Ich bin", spricht jener, „zu sterben bereit
Und bitte nicht um mein Leben,
Doch willst du Gnade mir geben,
Ich flehe dich um drei Tage Zeit,
Bis ich die Schwester dem Gatten gefreit,
Ich lasse den Freund dir als Bürgen,
Ihn magst du, entrinn' ich, erwürgen."

Da lächelt der König mit arger List
Und spricht nach kurzem Bedenken:
„Drei Tage will ich dir schenken.
Doch wisse! wenn sie verstrichen, | die Frist, |
Eh du zurück mir gegeben bist,
So muss er statt deiner erblassen,
Doch dir ist die Strafe erlassen."

gebietet

Und er kommt zum Freunde: „Der König gebeut,
Dass ich am Kreuz mit dem Leben
Bezahle das frevelnde Streben,
Doch will er mir gönnen drei Tage Zeit,
Bis ich die Schwester dem Gatten gefreit,
So bleib du dem König zum Pfande,
Bis ich komme, zu lösen die Bande.“

Und schweigend umarmt ihn der treue Freund,
Und liefert sich aus | dem Tyrannen,
Der andere ziehet von dannen.
Und ehe das dritte Morgenrot scheint,
Hat er schnell mit dem Gatten die Schwester vereint,
Eilt heim mit sorgender Seele,
Damit er die Frist nicht verfehle.

Da gießt unendlicher Regen herab,
Von den Bergen stürzen die Quellen,
Und die Bäche, die Ströme schwellen.
Und er kommt ans Ufer mit wanderndem Stab,
Da reißet die Brücke der Strudel hinab,
Und donnernd sprengen die Wogen
Des Gewölbes krachenden Bogen.

Und trostlos irrt er an Ufers Rand,
Wie weit er auch spähet und blicket
Und die Stimme, die rufende, schicket;

Kahn

Da stößet kein Nachen vom sichern Strand,
Der ihn setze an das gewünschte Land,
Kein Schiffer lenket die Fähre,
Und der wilde Strom wird zum Meere.

Da sinkt er ans Ufer und weint und fleht,
Die Hände zum Zeus erhoben:
„O hemme des Stromes Toben!
Es eilen die Stunden, im Mittag steht
Die Sonne, und wenn sie niedergeht,
Und ich kann die Stadt nicht erreichen,
So muss der Freund mir erbleichen.“

Doch wachsend erneut sich des Stromes Wut,
Und Welle auf Welle zerrinnet,
Und Stunde an Stunde ertrinnet,
Da treibt ihn die Angst, da fasst er sich Mut
Und wirft sich hinein in die brausende Flut,
Und teilt mit gewaltigen Armen
Den Strom, | und ein Gott hat Erbarmen.

Und gewinnt das Ufer und eilet fort,
Und danket dem rettenden Gotte,
Gruppe von Menschen
Da stürzet die raubende Rotte
Hervor aus des Waldes nächtlichem Ort,
Den Pfad ihm sperrend, und schnaubet Mord
Und hemmet des Wanderers Eile
Mit drohend geschwungener Keule.

„Was wollt ihr?“, ruft er vor Schrecken bleich,
„Ich habe nichts als mein Leben,
Das muss ich dem Könige geben!“
Und entreißt die Keule dem nächsten gleich:
„Um des Freundes willen erbarmet euch!“
Und drei, mit gewaltigen Streichen,
Erlegt er, die andern entweichen.

Und die Sonne versendet glühenden Brand
Und von der unendlichen Mühe
Ermattet sinken die Knie:
„O hast du mich gnädig aus Räubershand,
Aus dem Strom mich gerettet ans heilige Land,
Und soll hier verschmachtend verderben,
Und der Freund mir, der liebende, sterben!“

Und horch! da sprudelt es silberhell
Ganz nahe, wie rieselndes Rauschen,
Und stille hält er zu lauschen,
Und sieh, aus dem Felsen, geschwätzig, schnell,
Springt murmelnd hervor ein lebendiger Quell,
Und freudig bückt er sich nieder,
Und erfrischet die brennenden Glieder.

Und die Sonne blickt durch der Zweige Grün,
Und malt auf den glänzenden Matten
Der Bäume gigantische Schatten,
Und zwei Wanderer sieht er die Straße ziehn,
Will eilenden Laufes vorüber fliehn,
Da hört er die Worte sie sagen:
„Jetzt wird er ans Kreuz geschlagen.“

Und die Angst beflügelt den eilenden Fuß,
Ihn jagen der Sorge Qualen,
Da schimmern in Abendrots Strahlen
Von ferne die Zinnen von Syrakus,
Und entgegen kommt ihm Philostratus,
Des Hauses redlicher Hüter,
Der erkennet entsetzt den Gebieter:

*Damon besitzt ein Haus und Philostratus ist sein Hausverwalter*

„Zurück! Du rettest den Freund nicht mehr,
So rette das eigene Leben!
Den Tod erleidet er eben.
Von Stunde zu Stunde gewartet’ er
Mit hoffender Seele der Wiederkehr,
Ihm konnte den mutigen Glauben
Der Hohn des Tyrannen nicht rauben.“

„Und ist es zu spät, und kann ich ihm nicht,
Ein Retter, willkommen erscheinen,
So soll mich der Tod ihm vereinen.
Des rühme der blut’ge Tyrann sich nicht,
Dass der Freund dem Freunde gebrochen die Pflicht,
Er schlachte der Opfer zweie
Und glaube an Liebe und Treue.“

Und die Sonne geht unter, da steht er am Tor
Und sieht das Kreuz schon erhöhet,
Das die Menge gaffend umstehet,
An dem Seile schon zieht man den Freund empor,
Da zertrennt er gewaltig den dichter Chor:
„Mich, Henker“, ruft er, „erwürget,
Da bin ich, für den er gebürget!“

Und Staunen ergreifet das Volk umher,
In den Armen liegen sich beide,
Und weinen vor Schmerz und Freude.
Da sieht man kein Auge tränenleer,
Und zum Könige bringt man die Wundermär,
Der fühlt ein menschliches Rühren,
Lässt schnell vor den Thron sie führen.

Und blicket sie lange verwundert an,
Drauf spricht er: „Es ist euch gelungen,
Ihr habt das Herz mir bezwungen,
Und die Treue, sie ist doch kein leerer Wahn,
So nehmet auch mich zum Genossen an,
Ich sei, gewährt mir die Bitte,
In eurem Bunde der Dritte.“

**1** Lies diese lange Ballade still. Kläre dann Wörter und Textstellen, die du nicht gleich verstanden hast, und notiere die Erklärung in der linken Randspalte.

**2** Formuliere – möglichst in zwei oder drei Sätzen –, worum es in der Ballade geht.

**3** Beobachte dich selbst beim Lesen der Ballade. Achte besonders darauf, wie du den Spannungsaufbau empfindest. Notiere, wo der Höhepunkt der Spannung liegt und wie die Spannungskurve insgesamt verläuft.

**4** Welche Wirkung hat die häufige Einleitung von Versen durch die Konjunktion „und"?

**5** Die Strophen 3 und 16 sind von besonderer Bedeutung für die Ballade. Begründe diese Behauptung.

**6** Wie ist deine Meinung zum Ausgang der Ballade? Beurteile ihn und begründe deine Meinung.

## Schauriger Heimweg

Annette von Droste-Hülshoff (1797-1848) wuchs in einem sehr strengen Elternhaus auf, in dem sie schon als Kind wenig Freiheiten hatte. Ihre Familie gehörte einem alten Adelsgeschlecht an. Als Annette von Droste-Hülshoff sich entschlossen hatte, Schriftstellerin zu werden, wurde sie zum Schandfleck der Familie.
Lange Zeit waren sie und ihr dichterisches Werk fast völlig vergessen, aber seit dem 20. Jahrhundert gilt sie bis heute vielen als „Deutschlands größte Dichterin". Anregungen für ihre Gedichte fand sie im Alltagsleben, in der Sagenwelt und in der Natur ihrer westfälischen Heimat.

ANNETTE VON DROSTE-HÜLSHOFF

### Der Knabe im Moor

Oh schaurig ist's, übers Moor zu gehn,
Wenn es wimmelt vom Heiderauche,
Sich wie Phantome die Dünste drehn
Und die Ranke häkelt am Strauche,
Unter jedem Tritte ein Quellchen springt,
Wenn aus der Spalte es zischt und singt,
O schaurig ist's, übers Moor zu gehn,
Wenn das Röhricht knistert im Hauche!

Fest hält die Fibel das zitternde Kind
Und rennt, als ob man es jage;
Hohl über die Fläche sauset der Wind –
Was raschelt drüben am Hage?
Das ist der gespenstische Gräberknecht,
Der dem Meister die besten Torfe verzecht;
Hu, hu, es bricht wie ein irres Rind!
Hinducket das Knäblein zage.

*Lesebuch für Erstklässler*
*durch Hecken eingezäuntes Gehölz*
*durch Trunksucht verschwendet*

Vom Ufer starret Gestumpf hervor,
Unheimlich nicket die Föhre,
Der Knabe rennt, gespannt das Ohr,
Durch Riesenhalme wie Speere;
Und wie es rieselt und knittert darin!
Das ist die unselige Spinnerin,
Das ist die gebannte Spinnlenor',
Die den Haspel dreht im Geröhre!

*Kiefer*
*Garnwinde, Teil eines Spinnrads*

Voran, voran! Nur immer im Lauf,
Voran, als woll es ihn holen!
Vor seinem Fuße brodelt es auf,
Es pfeift ihm unter den Sohlen
Wie eine gespenstische Melodei;
Das ist der Geigemann ungetreu,
Das ist der diebische Fiedler Knauf,
Der den Hochzeitheller gestohlen!

*wertvolle Silbermünze*

Da birst das Moor, ein Seufzer geht
Hervor aus der klaffenden Höhle;
Weh, weh, da ruft die verdammte Margret:
„Ho, ho, meine arme Seele!"
Der Knabe springt wie ein wundes Reh;
Wär nicht Schutzengel in seiner Näh,
Seine bleichenden Knöchelchen fände spät
Ein Gräber im Moorgeschwele.

Da mählich gründet der Boden sich,
Und drüben, neben der Weide,
Die Lampe flimmert so heimatlich,
Der Knabe steht an der Scheide.
Tief atmet er auf, zum Moor zurück
Noch immer wirft er den scheuen Blick:
Ja, im Geröhre war's fürchterlich,
O schaurig war's in der Heide!

1 Kläre Wörter und Textstellen, die du beim ersten Lesen nicht verstanden hast.

2 In dieser Ballade werden Bilder und Geräusche der Moorlandschaft sehr lebendig. Beschreibe die sprachlichen Mittel, mit denen die Dichterin das erreicht (Wortwahl, sprachliche Bilder, Wiederholungen, Klang usw.).

3 Wie verstehst du das Erscheinen verschiedener unheimlicher Gestalten, die den Jungen erschrecken?

4 Bereite den Vortrag der Ballade so vor, dass die zunehmende Furcht des Jungen und seine Erleichterung am Schluss hörbar werden.

## Brutus – des Pudels Vorbild

Brutus war einer der Männer, die im Jahre 44 v. Chr. den römischen Diktator Caesar ermordeten. Vorher war Brutus ein enger Vertrauter Caesars gewesen. Die letzten Worte des sterbenden Herrschers sollen gewesen sein: „Auch du, mein Sohn Brutus!" Ist es also Zufall, dass der Pudel Brutus heißt?

HEINRICH HEINE

### Der tugendhafte Hund

Ein Pudel, der mit gutem Fug
Den schönen Namen Brutus trug,
War vielberühmt im ganzen Land
Ob seiner Tugend und seinem Verstand.
Er war ein Muster der Sittlichkeit,
Der Langmut und Bescheidenheit.
Man hörte ihn loben, man hörte ihn preisen
Als einen vierfüßigen Nathan den Weisen.

*Nathan den Weisen: Titelfigur eines Schauspiels von G. E. Lessing*

Er war ein wahres Hundejuwel!
So ehrlich und treu! eine schöne Seel!
Auch schenkte sein Herr in allen Stücken
Ihm volles Vertrauen, er konnte ihn schicken
Sogar zum Fleischer. Der edle Hund
Trug dann einen Hängekorb im Mund,
Worin der Metzger das schön gehackte
Rindfleisch, Schaffleisch, auch Schweinefleisch packte. –
Wie lieblich und lockend das Fett gerochen,
Der Brutus berührte keinen Knochen,
Und ruhig und sicher, mit stoischer Würde,
Trug er nach Hause die kostbare Bürde.

*stoischer: unbeirrbar, mit Geduld und Gleichmut*

Doch unter den Hunden wird gefunden
Auch eine Menge von Lumpenhunden
– Wie unter uns, – gemeine Köter,
Tagdiebe, Neidharde, Schwerenöter,
Die ohne Sinn für sittliche Freuden
Im Sinnenrausch ihr Leben vergeuden!
Verschworen hatten sich solche Racker
Gegen den Brutus, der treu und wacker,
Mit seinem Korb im Maule, nicht
Gewichen von dem Pfad der Pflicht. –

Und eines Tages, als er kam
Vom Fleischer und seinen Rückweg nahm
Nach Hause, da ward er plötzlich von allen
Verschwornen Bestien überfallen;
Da ward ihm der Korb mit dem Fleisch entrissen,
Da fielen zu Boden die leckersten Bissen,
Und fraßbegierig über die Beute
Warf sich die ganze hungrige Meute –
Brutus sah anfangs dem Schauspiel zu,
Mit philosophischer Seelenruh;
Doch als er sah, dass solchermaßen
Sämtliche Hunde schmausten und fraßen,
Da nahm auch er an der Mahlzeit teil
Und speiste selbst eine Schöpsenkeul.

Moral

Auch du, mein Brutus, auch du, du frisst?
So ruft wehmütig der Moralist.
Ja, böses Beispiel kann verführen;
Und, ach! gleich allen Säugetieren,
Nicht ganz und gar vollkommen ist
Der tugendhafte Hund – er frisst!

**1** Diese Ballade ist anders als andere, die du bereits kennst. Sicher ist dir das aufgefallen. Wie ist dein erster Eindruck? Beschreibe ihn kurz.

**2** Der Pudel Brutus besitzt zahlreiche Tugenden und doch frisst er am Schluss etwas von seinen Einkäufen. Was meinst du: Weshalb tut er das und handelt damit gegen seine eigentlichen Vorsätze?

**3** Der „Ton" der Ballade ist ironisch. Schlage nach, was Ironie bedeutet, und notiere eine Erklärung.

**4** Schreibe einige Ausdrücke heraus, die nur ironisch zu verstehen sind. Wie sind sie tatsächlich gemeint?

**5** Nutze deine Beobachtungen zur Ironie für den Vortrag der Ballade und sprich den Text an diesen Stellen sozusagen mit einem Augenzwinkern. Versieh das Gedicht mit Vorlesezeichen und probe deinen Vortrag mehrmals. Trage ihn dann vor Publikum vor.

**6** Ob Heinrich Heine nur eine Geschichte über Hunde im Sinn gehabt hat?
In den ersten Versen der zweiten Strophe hilft er uns beim Verstehen seiner Ballade. Beziehe auch den Vortext mit ein und schreibe auf, was Heine deiner Meinung nach zur Sprache bringen wollte.

## Die Schöne und der Fischer

An einer Biegung des Rheins bei St. Goarshausen ragt ein gewaltiger Felsen auf. Er heißt „die Lorelei". Der Rhein ist an dieser Stelle wegen Untiefen und einer starken Strömung mit Strudeln für die Schifffahrt gefährlich. In einer alten Sage wurden Strom und Fels mit einer geheimnisvollen Frau in Verbindung gebracht. Diese Sage hat Heinrich Heine zum Schreiben angeregt.
Für die „Lorelei" wie auch für viele andere Gedichte ließ sich Heine von alten Volksliedern anregen. An ihnen gefielen ihm besonders die Einfachheit und Klarheit, der Klang und Rhythmus. Das hat wesentlich zur Verbreitung seiner Dichtungen beigetragen. Die „Lorelei" wurde besonders beliebt und oft vertont.

HEINRICH HEINE

### Lorelei

Ich weiß nicht, was soll es bedeuten,
Dass ich so traurig bin;
Ein Märchen aus alten Zeiten,
Das kommt mir nicht aus dem Sinn.

Die Luft ist kühl und es dunkelt,
Und ruhig fließet der Rhein;
Der Gipfel des Berges funkelt
Im Abendsonnenschein.

Die schönste Jungfrau sitzet
Dort oben wunderbar,
Ihr goldnes Geschmeide blitzet,
Sie kämmt ihr goldenes Haar.

Sie kämmt es mit goldenem Kamme,
Und singt ein Lied dabei;
Das hat eine wundersame,
Gewaltige Melodei.

Den Schiffer im kleinen Schiffe
Ergreift es mit wildem Weh;
Er schaut nicht die Felsenriffe,
Er schaut nur hinauf in die Höh.

Ich glaube, die Wellen verschlingen
Am Ende Schiffer und Kahn;
Und das hat mit ihrem Singen
Die Lorelei getan.

**1** Lies die Ballade. Heine schrieb sie nach einer Sage. Schreibe kurz auf, was sich der Sage nach ereignet haben muss.

**2** Wie empfindest du die Stimmung, die in dieser Ballade vorherrscht?
In welchen Strophen wechselt die Stimmung? Schreibe deine Beobachtungen in die Randspalte.

**3** Wodurch unterscheiden sich die erste und die letzte Strophe von den übrigen Strophen?
Wie kannst du die Unterschiede beim Vorlesen deutlich machen?

**4** In welchem Sprechtempo und mit welcher Stimmstärke willst du die Ballade vortragen? An welchen Stellen sollten Tempo und Stimmstärke wechseln? Kennzeichne diese Stellen im Balladentext und trage Vorlesezeichen ein. Wie du das machst, erfährst du auf S. 4.

**5** Begründe deine Entscheidungen über die Wechsel in Sprechtempo und Stimmstärke.
Was geschieht inhaltlich an diesen Stellen?

## Der König feiert

Heine schrieb diese Ballade 1820. Die Handlung beruht auf einer Erzählung aus dem Alten Testament (5. Kapitel des Buches Daniel). Der babylonische König Nebukadnezar hatte den Juden ihre heiligen Kultgefäße aus dem Tempel in Jerusalem geraubt. König Belsazer, der Sohn von Nebukadnezar, missbrauchte diese Gefäße für ein wildes Besäufnis. Nachdem er sich auch noch abfällig über den Gott der Juden geäußert hatte, erschien eine Schrift aus Flammen an der Wand. Der biblische Bericht endet mit den Worten: *„Aber in derselben Nacht ward der Chaldäer König Belsazer getötet."*

HEINRICH HEINE

### Belsazer

Die Mitternacht zog näher schon;
In stummer Ruh lag Babylon.

Nur oben in des Königs Schloss,
Da flackert's, da lärmt des Königs Tross. *Gefolge*

Dort oben in dem Königssaal
Belsazer hielt sein Königsmahl.

Die Knechte saßen in schimmernden Reihn
Und leerten die Becher mit funkelndem Wein.

Es klirrten die Becher, es jauchzten die Knecht;
So klang es dem störrigen Könige recht.

Des Königs Wangen leuchten Glut;
Im Wein erwuchs ihm kecker Mut.

Und blindlings reißt der Mut ihn fort;
Und er lästert die Gottheit mit sündigem Wort.

Und er brüstet sich frech, und lästert wild;
Die Knechtenschar ihm Beifall brüllt.

Der König rief mit stolzem Blick;
Der Diener eilt und kehrt zurück.

Er trug viel gülden Gerät auf dem Haupt;
Gott der Juden
Das war aus dem Tempel Jehovahs geraubt.

Und der König ergriff mit frevler Hand
Einen heiligen Becher, gefüllt bis am Rand.

Und er leert ihn hastig bis auf den Grund
Und rufet laut mit schäumendem Mund:

Jehovah! dir künd ich auf ewig Hohn –
Ich bin der König von Babylon!

Doch kaum das grause Wort verklang,
Dem König ward's heimlich im Busen bang.

Das gellende Lachen verstummte zumal; *leise, langsam*
Es wurde leichenstill im Saal.

*lange Pause*
Und sieh! und sieh! an weißer Wand *langsam, beschwörend*
Da kam's hervor wie Menschenhand *Lautstärke steigern*

Und schrieb, und schrieb an weißer Wand
Buchstaben von Feuer, und schrieb und schwand.

Der König stieren Blicks da saß,
Mit schlotternden Knien und totenblass.

Die Knechtenschar saß kalt durchgraut,
Und saß gar still, gab keinen Laut.

Die Magier kamen, doch keiner verstand
Zu deuten die Flammenschrift an der Wand.

Belsazer ward aber in selbiger Nacht
Von seinen Knechten umgebracht.

**1** Lies die Ballade und gliedere sie in zwei Abschnitte. Kennzeichne den Höhepunkt des Geschehens.

**2** Wie unterscheiden sich die ersten drei Verspaare (Strophen) von den folgenden? Welche Funktion haben sie?

**3** Was meinst du: Warum haben die Knechte Belsazer umgebracht?

**4** In dieser Ballade findest du viele bildhafte und kraftvolle Adjektive und Verben. Schreibe einige heraus, auf die du beim Vortrag besonders achten willst.

*die Knechte: jauchzten,*

*der König:*

**5** Notiere mindestens für die letzten 11 Strophen Lese- und Vortragshilfen (vgl. S. 4). Beachte vor allem die Wechsel im Sprechtempo, in der Lautstärke und die Pausen.

**6** Tragt die Ballade in der Klasse vor.
Besonders wirkungsvoll wird euer Vortrag, wenn ihr die Situation der letzten 11 Strophen spielt. Notiert dazu am linken Rand Hilfen für Gestik und Mimik der Beteiligten.

## Zugunglück in Schottland

Der englische Dramatiker William Shakespeare (1564-1616) lässt in seiner Tragödie „Macbeth" drei Hexen eine bösartige Verschwörung aushecken. Sie verabreden, sich nach vollbrachter Untat wieder zu treffen. Den Satz, mit dem sie das tun, wählte Theodor Fontane zum Motto seiner Ballade „Die Brück am Tay". Wie bei Shakespeare führen auch bei Fontane die drei unheimlichen, geisterhaften Gestalten ein grausiges Gespräch mit bösem Plan.

THEODOR FONTANE

### Die Brück am Tay

(28. Dezember 1879)

When shall we
three meet again?
Macbeth

„Wann treffen wir drei wieder zusamm?"
„Um die siebente Stund', am Brückendamm."
„Am Mittelpfeiler."
„Ich lösche die Flamm."
„Ich mit."
„Ich komme vom Norden her."
„Und ich vom Süden."
„Und ich vom Meer."
„Hei, das gibt einen Ringelreihn,
Und die Brücke muss in den Grund hinein."
„Und der Zug, der in die Brücke tritt
Um die siebente Stund?"
„Ei, der muss mit."
„Muss mit"
„Tand, Tand
Ist das Gebilde von Menschenhand!"

*wertlose Gegenstände*

* * *

Auf der Norderseite, das Brückenhaus –
Alle Fenster sehen nach Süden aus,
Und die Brücknersleut' ohne Rast und Ruh
Und in Bangen sehen nach Süden zu,
Sehen und warten, | ob nicht ein Licht
Übers Wasser hin „Ich komme" spricht,
„Ich komme, trotz Nacht und Sturmesflug,
Ich, der Edinburger Zug."

*Brückenwärter-Ehepaar*

Und der Brückner jetzt: „Ich seh' einen Schein
Am anderen Ufer. Das muss er sein.
Nun, Mutter, weg mit dem bangen Traum,
Unser Johnie kommt und will seinen Baum,
Und was noch am Baume von Lichtern ist,
Zünd' alles an wie zum heiligen Christ,
Der will heuer *zweimal* mit uns sein –
Und in elf Minuten ist er herein."

* * *

Und es war der Zug. | Am Süderturm
Keucht er vorbei jetzt gegen den Sturm,
Und Johnie spricht: „Die Brücke noch!
Aber was tut es, wir zwingen es doch.
Ein fester Kessel, ein doppelter Dampf,
Die bleiben Sieger in solchem Kampf.
Und wie's auch rast und ringt und rennt,
Wir kriegen es unter, das Element.

Und unser Stolz ist unsre Brück';
Ich lache, denk ich an früher zurück,
An all den Jammer und all die Not
Mit dem elend alten Schifferboot;
Wie manche liebe Christfestnacht
Hab' ich im Fährhaus zugebracht
Und sah unsrer Fenster lichten Schein
Und zählte und konnte nicht drüben sein."

Auf der Norderseite, das Brückenhaus –
Alle Fenster sehen nach Süden aus,
Und die Brücknersleut' ohne Rast und Ruh
Und in Bangen sehen nach Süden zu;
Denn wütender wurde der Winde Spiel,
Und jetzt, | als ob Feuer vom Himmel fiel',
Erglüht es in niederschießender Pracht
Überm Wasser unten ... || Und wieder ist Nacht.

* * * lange Pause

„Wann treffen wir drei wieder zusamm?“
„Um Mitternacht, am Bergeskamm.“
„Auf dem hohen Moor, am Erlenstamm.“
„Ich komme.“
„Ich mit.“
„Ich nenn’ euch die Zahl.“
„Und ich die Namen.“
„Und ich die Qual“
„Hei!
Wie Splitter brach das Gebälk entzwei.“
„Tand, Tand
Ist das Gebilde von Menschenhand.“

**1** Lies die Ballade. Fasse das Geschehen in zwei bis drei Sätzen zusammen.

**2** Beschreibe den Ort der Katastrophe. Lies genau nach, welche Informationen Titel und Text der Ballade dir dazu liefern.

**Zusatzaufgabe:** Vielleicht hast du auch Lust, eine Skizze zu dem Schauplatz des Unglücks zu zeichnen. Arbeite auf einem Zusatzblatt.

3 Aus welchen Perspektiven werden die Geschehnisse erzählt? Notiere neben dem Text.

4 Was erfährst du alles über Johnie?

5 Schreibe für jede Strophe einen Begriff an den Seitenrand, der dir beim Vorlesen hilft, die unterschiedlichen Sprechsituationen und den jeweiligen Klang der Stimme zu treffen.

6 Welche Bedeutung haben die geheimnisvollen Stimmen in der ersten und letzten Strophe? Stelle Vermutungen darüber an, wer „die drei" sein könnten.

**7** Wie verstehst du den Anfang und das Ende des Gedichts (Rahmenstrophen)? Worauf deutet das Ende der Ballade hin?

**8** Fontane beschreibt in seiner Ballade den Kampf zwischen der Natur und der (von Menschenhand gemachten) Technik. Belege diese Aussage am Text.

# Die „Schwalbe" vom Erie-See

**Bericht aus einem Geschichtsbuch:**
Am 9. August 1841, abends kurz nach 8 Uhr, fing das Passagierschiff ‚Erie' in der Nähe von Silver Creek im Erie-See Feuer. Kapitän Titus befahl dem Steuermann Luther Fuller, das Schiff auf Land zu setzen. Aber bevor das Schiff die Küste erreicht hatte, brannte die Steueranlage durch und 249 Passagiere kamen ums Leben. Fuller verließ mit schweren Verbrennungen als Letzter das Schiff, überlebte jedoch das furchtbare Unglück. Er starb am 22. November 1900 als Trinker im Armenhaus Pennsylvania (Bezirk Erie) unter dem angenommenen Namen James Rafferty. Kapitän Titus, der ebenfalls überlebte, ließ den Steuermann allerdings unter den 249 Toten eintragen.

THEODOR FONTANE

## John Maynard

John Maynard!
„Wer ist John Maynard?"

„John Maynard war unser Steuermann,
Aus hielt er, bis er das Ufer gewann,
Er hat uns gerettet, er trägt die Kron',
Er starb für uns, unsre Liebe sein Lohn.
John Maynard."

* * *

Die „Schwalbe" fliegt über den Eriesee,
Gischt schäumt um den Bug wie Flocken von Schnee,
Von Detroit fliegt sie nach Buffalo –
Die Herzen aber sind frei und froh,
Und die Passagiere mit Kindern und Fraun
Im Dämmerlicht schon das Ufer schaun,
Und plaudernd an John Maynard heran
Tritt alles: „Wie weit noch, Steuermann?"
Der schaut nach vorn und schaut in die Rund':
„Noch dreißig Minuten... Halbe Stund'."

Alle Herzen sind froh, alle Herzen sind frei –
Da klingt's aus dem Schiffsraum her wie Schrei,
„Feuer!", war es, was da klang,
Ein Qualm aus Kajüt' und Luke drang,
Ein Qualm, dann Flammen lichterloh,
Und noch zwanzig Minuten bis Buffalo.

über den Bug hinausragende Segelstange

Und die Passagiere, buntgemengt,
Am Bugspriet stehn sie zusammengedrängt,
Am Bugspriet vorn ist noch Luft und Licht,
Am Steuer aber lagert sich's dicht,
Und ein Jammern wird laut: „Wo sind wir? wo?"
Und noch fünfzehn Minuten bis Buffalo. –

Der Zugwind wächst, doch die Qualmwolke steht,
Der Kapitän nach dem Steuer späht,
Er sieht nicht mehr seinen Steuermann,
Aber durchs Sprachrohr fragt er an:
„Noch da, John Maynard?"
„Ja, Herr. Ich bin."
„Auf den Strand! In die Brandung!"
„Ich halte drauf hin."
Und das Schiffsvolk jubelt: „Halt aus! Hallo!"
Und noch zehn Minuten bis Buffalo. –

„Noch da, John Maynard?" Und Antwort schallt's
Mit ersterbender Stimme: „Ja, Herr, ich halt's!"
Und in die Brandung, was Klippe, was Stein,
Jagt er die „Schwalbe" mitten hinein.
Soll Rettung kommen, so kommt sie nur so.
Rettung: der Strand von Buffalo!

* * *

Das Schiff geborsten. Das Feuer verschwelt.
Gerettet alle. Nur *einer* fehlt!

* * *

Alle Glocken gehn; ihre Töne schwell'n
Himmelan aus Kirchen und Kapell'n,
Ein Klingen und Läuten, sonst schweigt die Stadt,
Ein Dienst nur, den sie heute hat:
Zehntausend folgen oder mehr,
Und kein Aug' im Zuge, das tränenleer.

Sie lassen den Sarg in Blumen hinab,
Mit Blumen schließen sie das Grab,
Und mit goldner Schrift in den Marmorstein
Schreibt die Stadt ihren Dankspruch ein:
„Hier ruht John Maynard! In Qualm und Brand
Hielt er das Steuer fest in der Hand,
Er hat uns gerettet, er trägt die Kron',
Er starb für uns, unsre Liebe sein Lohn.
John Maynard."

1 Lies Fontanes Ballade und schreibe eine kurze Zusammenfassung des Inhalts.

**Zusatzaufgabe:** Wenn du Spaß am Zeichnen hast, dann kannst du den Inhalt auch in Form von Bildern zusammenfassen. Zeichne für jede Strophe ein Bild, die Art deiner Zeichnungen kannst du frei wählen, am einfachsten ist aber der Comic-Stil.

2 Vergleiche den Inhalt der Ballade mit dem Bericht aus einem Geschichtsbuch, der über der Ballade steht. Worin bestehen die Unterschiede? Notiere sie in Stichwörtern.

3 Was mag Fontane zur Abweichung von dem tatsächlichen Hergang der Schiffskatastrophe bewogen haben?

**4** Wie gelingt es Fontane, dass wir starken Anteil an dem Verhalten und am Schicksal John Maynards nehmen?

**5** Du weißt bereits, dass Balladen wie Gedichte beschrieben werden können. Du kannst untersuchen, ob sich die Verse reimen und wie viele Verse und Strophen es gibt. Aber auch erzählende (epische) und dramatische Merkmale kommen in einer Ballade vor.

| **Dramatische Elemente:** | **Erzählende (epische) Elemente:** |
| --- | --- |
| - eine Handlung in wörtlicher Rede<br>- Einteilung in Szenen | - Ähnlichkeit mit einem Bericht, z. B. einem Zeitungsbericht über ein Unglück etc.<br>- ein Erzähler berichtet über eine Abfolge von Ereignissen |

An welchen Stellen der Ballade findest du erzählende und an welchen Stellen dramatische Elemente? Kennzeichne sie mit unterschiedlichen Farben und beschreibe sie kurz.

**6** Übe die Unterscheidung zwischen erzählenden Teilen und dramatischen Abschnitten beim Vorlesen. Beachte dabei vor allem das Sprechtempo und den Klang der Stimme.

**7** Lege eine Vortragsfassung an. Versieh den Text dazu mit Vorlesezeichen. Wie du das machst, erfährst du auf Seite 4.

## „Wiste 'ne Beer?"

Theodor Fontane wurde am 30. Dezember 1819 in Neuruppin geboren, er starb am 20.09.1898 in Berlin. Der Theaterkritiker Alfred Kerr schrieb 1895 über ihn:

*„Ein alter, großgewachsener Herr ist Theodor Fontane, mit schmalem Seitenbärtchen und grauem Schnurrbart. Er geht gewöhnlich dicht an den Häusern, weil es ihm keinen Spaß machen würde, von den hundert Bekannten, die dort jeder Bewohner des Westens täglich trifft, angehalten zu werden. Nicht, als ob er unfreundlich wäre. Aber es lohnt wahrhaftig nicht, ein paar Banalitäten auszutauschen und sich dafür zu erkälten."*

THEODOR FONTANE

### Herr von Ribbeck auf Ribbeck im Havelland

Herr von Ribbeck auf Ribbeck im Havelland,
Ein Birnbaum in seinem Garten stand,
Und kam die goldene Herbsteszeit
Und die Birnen leuchteten weit und breit,
Da stopfte, wenn's Mittag vom Turme scholl,
Der von Ribbeck sich beide Taschen voll,
Und kam in Pantinen ein Junge daher, *(Pantinen: Schuhe mit Holzsohlen)*
So rief er: „Junge, wiste 'ne Beer?" *(Beer: plattdt.: Birne)*
Und kam ein Mädel, so rief er: „Lütt Dirn,
Kumm man röwer, ick hebb 'ne Birn." *(röwer: plattdt.: rüber)*

So ging es viel Jahre, bis lobesam
Der von Ribbeck auf Ribbeck zu sterben kam.
Er fühlte sein Ende. 's war Herbsteszeit,
Wieder lachten die Birnen weit und breit;
Da sagte von Ribbeck: „Ich scheide nun ab.
Legt mir eine Birne mit ins Grab."

Und drei Tage drauf, aus dem Doppeldachhaus,
Trugen von Ribbeck sie hinaus,
Alle Bauern und Büdner mit Feiergesicht *(Büdner: kleiner Bauer, Landarbeiter)*
Sangen „Jesus meine Zuversicht",
Und die Kinder klagten, das Herze schwer:
„He is dod nu. Wer giwt uns nu 'ne Beer?"

So klagten die Kinder. Das war nicht recht,
Ach, sie kannten den alten Ribbeck schlecht,
Der *neue* freilich, der knausert und spart,
Hält Park und Birnbaum strenge verwahrt.
Aber der *alte*, vorahnend schon
Und voll Misstrauen gegen den eigenen Sohn,
Der wusste genau, was damals er tat,
Als um eine Birn' ins Grab er bat,
Und im dritten Jahr, aus dem stillen Haus
Ein Birnbaumsprössling sprosst heraus.

aus dem Grab

Und die Jahre gehen wohl auf und ab,
Längst wölbt sich ein Birnbaum über dem Grab,
Und in der goldenen Herbsteszeit
Leuchtet's wieder weit und breit.
Und kommt ein Jung' übern Kirchhof her,
So flüstert's im Baume: „Wist 'ne Beer?"
Und kommt ein Mädel, so flüstert's: „Lütt Dirn,
Kumm man röwer, ich gew di 'ne Birn."

So spendet Segen noch immer die Hand
Des von Ribbeck auf Ribbeck im Havelland.

**1** Diese Ballade erzählt eigentlich nur eine Episode. Dennoch bekommt der Leser einen guten Eindruck von zwei ganz unterschiedlichen Personen. Beschreibe den Vater und den Sohn.

**2** Einige Sätze sind auf plattdeutsch geschrieben. Übersetze sie und schreibe die Übersetzung neben den Text. Was meinst du, warum hat Fontane diese Sätze auf plattdeutsch geschrieben? Denke an die Wirkung.

**3** Im Vorspann schreibt Alfred Kerr über den Dichter Fontane. Könnte Fontane sich mit dem alten Herrn Ribbeck selbst gemeint haben? Beschreibe deinen Eindruck, den du nach dieser kurzen Beschreibung hast.

**4** Bereite die Ballade nun zum Vorlesen vor. Füge dazu Vorlesezeichen in den Text ein (vgl. S. 4).

## Rettung in großer Not

Bevor es die starken Seenot-Rettungskreuzer gab, die heute die Schifffahrt vor allem in Küstennähe sichern, mussten sich tapfere Männer mit schweren, stabilen Ruderbooten in die stürmische See wagen, um Schiffbrüchige zu retten. Otto Ernst (1862 - 1926), der in der Nähe von Hamburg gelebt hat und die Nordsee kannte, hat eine ganz besondere Rettungstat in einer Ballade erzählt.

OTTO ERNST

### Nis Randers

Krachen und Heulen und berstende Nacht,
Dunkel und Flammen in rasender Jagd –
Ein Schrei durch die Brandung!

Und brennt der Himmel, so sieht man's gut:
Ein Wrack auf der Sandbank! Noch wiegt es die Flut;
Gleich holt sich's der Abgrund.

Nis Randers lugt – und ohne Hast
Spricht er: „Da hängt noch ein Mann im Mast;
Wir müssen ihn holen."

Da fasst ihn die Mutter: „Du steigst mir nicht ein:
Dich will ich behalten, du bliebst mir allein,
Ich will's, deine Mutter!

Dein Vater ging unter und Momme, mein Sohn;
Drei Jahre verschollen ist Uwe schon,
Mein Uwe, mein Uwe!"

Nis tritt auf die Brücke. Die Mutter ihm nach!
Er weist nach dem Wrack und spricht gemach:
„Und *seine* Mutter?"

Nun springt er ins Boot und mit ihm nach noch sechs:
Hohes, hartes Friesengewächs;
Schon sausen die Ruder.

*Friesengewächs: starke, kräftige Männer aus Friesland*

Boot oben, Boot unten, ein Höllentanz!
Nun muss es zerschmettern ... ! Nein, es blieb ganz ... !
Wie lange? Wie lange?

Mit feurigen Geißeln peitscht das Meer
Die Menschen fressenden Rosse daher;
Sie schnauben und schäumen.

Wie hechelnde Hast sie zusammenzwingt!
Eins auf den Nacken des anderen springt
Mit stampfenden Hufen!

Drei Wetter zusammen! Nun brennt die Welt!
Was da? – Ein Boot, das landwärts hält –
Sie sind es! Sie kommen! –

Und Auge und Ohr ins Dunkel gespannt ...
Still – ruft da nicht einer! – Er schreit's durch die Hand:
„Sagt Mutter, 's ist Uwe!"

**1** Warst du beim Lesen auch gespannt, ob Nis Randers es schafft, den Mann zu retten? Wie erzielt der Dichter die Spannung? Beschreibe es.

**2** Was erfährst du über Nis Randers?

**3** Um die Wildheit des Meeres zu verdeutlichen, findet Otto Ernst eindrucksvolle sprachliche Bilder. Schreibe sie heraus.

*berstende Nacht (Z. 1),*

**4** Übe das Vorlesen der Strophen, in denen Nis Randers spricht und handelt. Bereite danach die gesamte Ballade für den Vortrag vor (vgl. S. 4).

## Familie Werwolf und die Grammatik

In vielen seiner Gedichte hat Christian Morgenstern mit Sprache gespielt. Er hat Lebewesen und Dinge ganz anders gesehen, als sie „in Wirklichkeit" sind. Er hat Begriffe und Gegenstände zusammengebracht, die auf den ersten Blick überhaupt nichts miteinander zu tun haben. Der Leser oder Zuhörer kann an solchen Gedichten manches Neue und Überraschende entdecken. Außerdem fordern die Sprachspiele zum Nachdenken heraus und machen auch viel Spaß.

Christian Morgenstern

### Der Werwolf

Ein Werwolf eines Nachts entwich
von Weib und Kind und sich begab
an eines Dorfschullehrers Grab
und bat ihn: „Bitte, beuge mich!"

Der Dorfschulmeister stieg hinauf
auf seines Blechschilds Messingknauf
und sprach zum Wolf, der seine Pfoten
geduldig kreuzte vor dem Toten:

„Der Werwolf", sprach der gute Mann,
„des Weswolfs Genitiv sodann,
dem Wemwolf Dativ, wie man's nennt,
den Wenwolf – damit hat's ein End'."

Dem Werwolf schmeichelten die Fälle,
er rollte seine Augenbälle.
„Indessen", bat er, „füge doch
zur Einzahl auch die Mehrzahl noch."

Der Dorfschulmeister aber musste
gestehn, dass er von ihr nichts wusste.
Zwar Wölfe gäb's in großer Schar,
doch „Wer" gäb's nur im Singular.

Der Wolf erhob sich tränenblind –
er hatte ja doch Weib und Kind!!
Doch da er kein Gelehrter eben,
so schied er dankend und ergeben.

**1** Weißt du, was ein Werwolf eigentlich ist? Wenn nicht, informiere dich erst und notiere dann die Erklärung.

**2** Beschreibe, was in der Ballade geschieht.

**3** Worin besteht das Problem des Dorfschullehrers und warum ist der Werwolf am Ende so traurig?

Wie dekliniert man denn bei „normalem" Sprachgebrauch den Werwolf und wie könnte man da seine Frau und sein Kind unterbringen? Fülle die Lücken in der Tabelle aus.

| Einzahl | Mehrzahl |
|---|---|
| *der Werwolf* | *die Werwölfe* |
| *des* | |
| *dem* | |
| *den* | |

**4** Neben den Nomen gibt es noch weitere Wortarten, die man beugen kann. Welche sind das? Welche Wortarten kennst du, die man nicht beugen kann?

Wortarten, die man beugen kann, sind:

Wortarten, die man nicht beugen kann, sind:

**5** Schreibe ein Parallelgedicht. Wähle dazu ein anderes Tier, das vom Dorfschullehrer gebeugt werden will. Du kannst natürlich auch einen Gegenstand nehmen. Arbeite auf einem Zusatzblatt.

## Annette von Droste-Hülshoff

Geboren wurde Annette von Droste-Hülshoff am 10. Januar 1797 auf Schloss Hülshoff bei Münster. Sie stammt aus altwestfälischem Geschlecht. Trotz der von Krankheiten erschütterten Jugend erhielt sie eine umfangreiche Bildung. Sie knüpfte Bekanntschaft mit großen Gelehrten und Dichtern ihrer Zeit, u. a. A. W. Schlegel, Ludwig Uhland, Gustav Schwab. Seit 1841 lebte sie meist am Bodensee. Dort erlebte sie eine halbmütterliche Liebe zum 17 Jahre jüngeren Bibliothekar Levin Schücking. Sie starb am 24. Mai 1848 in Meersburg am Bodensee.
Werke u. a.: 1838 Gedichte; 1842 Die Judenbuche; 1851 Das geistliche Jahr; 1860 Letzte Gaben (Nachlass)

## Otto Ernst (eigentlich Otto Ernst Schmidt)

Geboren wurde Ernst am 7.10.1862 in Ottensen/Holstein als Sohn eines Zigarrenarbeiters. Von 1877-1880 besuchte er die Präparandenanstalt, von 1880-1883 das Lehrerseminar in Hamburg. Er arbeitete danach als Volksschullehrer bis zum Jahr 1900 in Hamburg. Ab 1901 war Ernst freier Schrifsteller und lebte in Eimsbüttel, ab 1903 in Groß-Flottbek. Ernst starb am 5.3.1926 in Groß-Flottbek bei Hamburg. Ernst schrieb zahlreiche Dramen, Romane, Erzählungen, Komödien, Gedichte und Novellen.

## Theodor Fontane

Th. Fontane wurde am 30.12.1819 in Neuruppin geboren. Er stammte aus einer in Preußen heimisch gewordenen Hugenottenfamilie. Der Vater war Apotheker. Fontane besuchte das Gymnasium Neuruppin (1832) und die Gewerbeschule Berlin (1833). 1836-1840 machte er eine Apothekerlehre in Berlin. Fontane gab 1849 seinen Apothekerberuf auf; er arbeitete dann mit Unterbrechung bis 1859 als freier Mitarbeiter im Büro eines Ministeriums. Von 1855 bis 1859 lebte er in England als Berichterstatter. 1860-1870 arbeitete Fontane als Redakteur der Berliner „Kreuz-Zeitung". 1870-1889 war er Theaterkritiker bei der „Vossischen Zeitung". 1876 nahm er eine Stelle als Sekretär der Akademie der Künste Berlin an und arbeitete nebenher als freier Schriftsteller. Fontane starb am 20.9.1898 in Berlin.
Werke u. a.: 1878 Vor dem Sturm; 1880 Wanderungen durch die Mark Brandenburg; 1885 Unterm Birnbaum; 1888 Irrungen, Wirrungen; 1890 Stine; 1892 Frau Jenny Treibel; 1895 Effi Briest

## Johann Wolfgang von Goethe

Goethe wurde am 28.8.1749 in Frankfurt (Main) geboren. Er begann sein Jura-Studium 1768 in Leipzig, das er aber wegen einer schweren Krankheit unterbrach und 1771 in Straßburg fortsetzte. Auf Einladung von Herzog Carl August zog er nach Weimar, wo er ab 1776 im Staatsdienst arbeitete. Er reiste in viele Gegenden Deutschlands, nach Frankreich, in die Schweiz und nach Italien. Goethe starb am 22.3.1832 in Weimar.

Werke u. a.: 1773 Götz von Berlichingen; 1774 Die Leiden des jungen Werther; 1779 Iphigenie auf Tauris; 1788 Egmont; 1790 Torquato Tasso; 1795 Wilhelm Meisters Lehrjahre; 1808 Faust, 1. Teil; 1833 Faust, 2. Teil

## Heinrich Heine

Heine wurde am 13.12.1797 in Düsseldorf als Sohn des jüdischen Schnittwarenhändlers Samson Heine geboren. 1810-1814 besuchte er das Lyzeum in Düsseldorf. 1815 absolvierte er eine kaufmännische Ausbildung in Frankfurt/Main. Ab 1816 arbeitete Heine im Bankhaus seines vermögenden Onkels in Hamburg. Dieser Onkel unterstütze Heine, sodass er ein Jurastudium in Bonn aufnehmen konnte. 1820 zog er nach Göttingen, wo er wegen eines Duellvergehens von der Hochschule verwiesen wurde. 1821-1823 studierte Heine in Berlin weiter. Ab 1831 lebte er in Paris. Vier Jahre nach seiner Auswanderung nach Frankreich wurden Heines Schriften in Deutschland verboten. Er starb am 17.2.1856 in Paris.
Werke u. a.: 1827 Buch der Lieder; 1844 Deutschland. Ein Wintermärchen; 1847 Atta Troll

## Christian Morgenstern

Christian Morgenstern, am 06.05.1871 als Nachkomme einer Malerfamilie in München geboren, studierte zunächst Volkswirtschaft und Jura, später Philosophie und Kunstgeschichte. Seine ersten heiter-grotesken Dichtungen wie „Galgenlieder" und „Palmström" machten ihn sehr rasch bekannt. Eine innere Krise veränderte Morgensterns heitere Lebenssicht und führte ihn zur ernsten Seite der Philosophie. Seine Lyrik wurde mehr und mehr Gedankendichtung, ja geradezu »Philosophie in Versen«. Morgenstern starb am 31.03.1914 in Meran.
Werke u. a.: 1906 Melancholie; 1911 Ich und du; 1914 Wir fanden einen Pfad (Gedichtsammlung); 1920 Epigramme und Sprüche; 1918 Stufen. Eine Entwickelung

## Friedrich Schiller

Geboren wurde Schiller am 10.11.1759 in Marbach (Württemberg) als Sohn des Militärwundarztes J.C. Schiller. Seine Kindheit und Jugend verbrachte er in ärmlichen Verhältnissen. Er besuchte nacheinander die Dorfschule, die Lateinschule und dann auf Befehl des Herzogs Karl Eugen ab 1773 die Karlsschule. Ab 1776 studierte er dort Medizin. 1780 wurde er Regimentsmedicus in Stuttgart. Es folgten Arrest und Schreibverbot wegen einer Aufführung der „Räuber" in Mannheim. Schiller flüchtete über Mannheim (1783), Leipzig (1785) und Dresden nach Weimar (1787). 1789 kam es zur Ernennung zum Professor der Geschichte und Philosophie in Jena. 1799 siedelte er erneute nach Weimar um, wo er am 9.5.1805 auch starb.
Werke u. a.: 1781 Die Räuber; 1784 Kabale und Liebe; 1787 Don Carlos, Infant v. Spanien; 1800 Wallenstein; 1801 Die Jungfrau von Orleans; 1801 Maria Stuart; 1804 Wilhelm Tell